Birgit Ebbert

Reim GESCHICHTEN für Senioren

Zum Mitsprechen
und Vervollständigen
für Aktivierungsrunden

Havelland

Verlag an der Ruhr

Impressum

Titel
Reimgeschichten für Senioren
Zum Mitsprechen und Vervollständigen für Aktivierungsrunden

Autorin
Birgit Ebbert

Titelbildmotiv
Birnen: © Africa Studio | Fotolia.com, Schild: © Jürgen Fälchle | Fotolia.com

Illustrationen
Wenn nicht anders angegeben: © Verlag an der Ruhr

Verlag an der Ruhr
Mülheim an der Ruhr
www.verlagruhr.de

Wichtiger Hinweis:

Die Ratschläge in diesem Buch sind von der Autorin erprobt und vom Verlag sorgfältig erwogen worden. Nehmen Sie dennoch eine genaue Prüfung entsprechend Ihrer Situation vor und wägen verantwortungsvoll ab, welche Anregungen Sie bei welchen Personen anwenden. Einige Anregungen können überwältigende Emotionen und Erinnerungen hervorrufen, andere nur bei medizinischer Unbedenklichkeit angewendet werden. Die Durchführung der Anregungen erfolgt ausschließlich in eigener Verantwortung des Anwenders.

ISBN 978-3-8346-3517-4

Printed in Germany

Inhaltsverzeichnis

Vorwort

Liebe (Vor-)Leserinnen und Leser,

für die meisten von uns waren Reime die erste Literatur, mit der wir in Berührung kamen, und wenn es nur das bekannte Kinderlied „Hoppe, hoppe Reiter“ war. Durch harmonische Reime entsteht ein Wohlgefühl, sodass wir manchmal sogar vergessen, dass es in Reimgeschichten auch mal turbulent zugeht. Reime versetzen die Zuhörer in eine ganz besondere Stimmung, vielleicht, weil sie dadurch ihrer Kindheit so nah sind. Mit diesem Buch möchte ich eine Tür zur Kindheit öffnen. Dazu habe ich gereimte Geschichten über Alltagserlebnisse erfunden, die vielen Senioren bekannt sein werden und die Erinnerungen an eigene Erlebnisse wecken. Zudem habe ich Gedichte zusammengetragen, die viele Ihrer zu Betreuenden noch in der Schule auswendig lernen mussten. Wie quälend das Lernen war, ist längst vergessen. Heute zählen die Freude am Wiedererkennen und der Stolz darüber, sich an einzelne Reime, Verse, Strophen oder auch das ganze Gedicht zu erinnern.

Ich wünsche Ihnen viel Spaß beim Vortragen, Ergänzen und Mitreimen und bei den Gesprächen darüber.

Herzlichst
Ihre **Birgit Ebbert**

Einführung

Reime sind älteren Menschen vertraut, sei es durch Fingerspiele, wie „Das ist der Daumen, der schüttelt die Pflaumen“, oder Kniereiter, wie „Hopp, hopp, hopp“. Auch Kinderlieder, wie „Guten Abend, gut Nacht“, oder Abzählverse, wie „Ene, mene, muh und raus bist du!“, sind Reime, die ein Gefühl von Harmonie und Vollständigkeit vermitteln. Genau dieses Gefühl ist es, das die Reimgeschichten in diesem Buch auslösen sollen, um eine Grundlage für gemeinsame Erinnerungen an vergangene Zeiten zu schaffen.

Im ersten Teil finden Sie Geschichten zum Mitreimen, in denen vorwiegend typische Alltagserlebnisse aus der Kindheit Ihrer Zuhörer in Reime gefasst sind, die sie ergänzen sollen. Oftmals bestehen die Gedichte aus sich immer wiederholenden Kehrversen oder laden auf andere einfache Art und Weise zum Mitreimen ein, sodass selbst Menschen mit Demenz ihre Freude daran haben werden. Beim Ergänzen der Reime sind Reimwörter vorgesehen, die den Sinn der Geschichte bestimmen, aber auch ausgetauscht werden können, um den Spaß beim Zuhören und Mitreimen zu erhöhen. Seien Sie da flexibel, offen und kreativ.

Den zweiten Teil des Buches bilden klassische Reimgeschichten – eine Sammlung klassischer Gedichte, von denen viele Ihren Zuhörern noch aus Schulzeiten bekannt sein werden. Hier ist es beim Vorlesen wichtig, dass Sie so dicht wie möglich am Text bleiben, um den Wiedererkennungswert des Gedichts zu erhöhen. Vielleicht können einige Ihrer Zuhörer auch noch ein Gedicht komplett erinnern und vortragen?

Während bei den Geschichten zum Mitreimen die eigene Kreativität und Lust am Fabulieren stärker zum Tragen kommen, steht bei den klassischen Reimgeschichten die Erinnerung an einmal Gelerntes im Mittelpunkt. Beide Arten von Reimgeschichten bilden jedoch Zugänge zu tief verborgenen Erinnerungen, die sich durch Assoziationsreize wie Reime hervorholen lassen. Genau das ist das Ziel dieser Reimgeschichten. Sie sollen allen Beteiligten nicht nur Spaß bereiten, sondern auch durch die Erinnerung an frühere Erlebnisse emotionale Momente im Jetzt schaffen und das Bewusstsein für die Vielfalt und Bedeutsamkeit des eigenen, vergangenen Lebens wecken.

Beim Zuhören, Mitmachen und Erinnern werden grundlegende Fähigkeiten gefördert und gefordert, die auch im heutigen Alltag einen hohen Stellenwert einnehmen. Durch die Aufforderung, miteinander zu reimen oder Gedichte weiterzudenken, werden die Konzentrationsfähigkeit und Wortfindung angesprochen. Schließlich müssen die Zuhörer ihre Aufmerksamkeit gezielt auf die vorgelesenen Reimgeschichten lenken und im rechten Moment aktiv werden.
Um eine Aktivierung über die Reimgeschichten hinaus zu ermöglichen, werden die Geschichten durch Impulsfragen ergänzt, die Erinnerungen anstoßen können. Wenn es zu einer Reimgeschichte passt, finden sich dort weitere Aktivierungsideen: Das können z. B. Bewegungsanregungen, Spiele oder auch Lieder sein.

Die Reimgeschichten in diesem Buch bilden eine kleine, subjektive Auswahl. Wenn Sie und Ihre Zuhörer Freude daran gefunden haben, können Sie im Internet oder in alten Gedichtbänden nach weiteren Reimgeschichten und -gedichten stöbern. Sie werden staunen, welche Schätze Ihnen dort begegnen.

Ich wünsche Ihnen viel Spaß dabei, mit Ihren zu Betreuenden altvertraute Gedichte und Begebenheiten aus vergangenen Tagen in gereimter Form wiederzuentdecken.

Geschichten zum Mitreimen

Das erste Klavierkonzert

Lesen Sie das Gedicht einmal komplett vor. Beim zweiten Vorlesen sprechen die Zuhörer den farbig hervorgehobenen Vers, der sich in jeder Strophe wiederholt, gemeinsam. Sie können den letzten Vers auch reihum sprechen lassen.

Da sitzt der kleine Sohn und schlägt
Die Tasten sanft und ungezählt
Auf dem Klavier, das die Mutter schon
Spielte wie heuer der kleine John.

Da sitzt der kleine Hund und bellt
Die Töne laut und sehr gequält
Auf dem Klavier, das die Mutter schon
Spielte wie heuer der kleine John.

Der Bürgermeister lädt das Kind
Zum Vorspiel in den Salon geschwind
Zu dem Klavier, das die Mutter schon
Spielte wie heuer der kleine John.

Vor Publikum mit zitternder Zunge
Sitzt ängstlich nun der kleine Junge
An dem Klavier, das die Mutter schon
Spielte wie heuer der kleine John.

Der Junge spürt, es fehlt nicht viel
Zu einem wunderbaren Spiel
An dem Klavier, das die Mutter schon
Spielte wie heuer der kleine John.

Oh, hätte er nur den Hund mitgenommen,
Dann wäre er nie in die Krise gekommen
An dem Klavier, das die Mutter schon
Spielte wie heuer der kleine John.

Er tippt auf die Taste, es säuselt ein Ton
Und wispert verhalten durch den Salon
Aus dem Klavier, das die Mutter schon
Spielte wie heuer der kleine John.

Ein Bellen ertönt, nicht weit entfernt,
Als hätte der Hund zu bellen gelernt
Zu dem Klavier, das die Mutter schon
Spielte wie heuer der kleine John.

Der Junge schlägt die Tasten in Wellen
Jetzt, wo ihn begleitet das Hundebellen
An dem Klavier, das die Mutter schon
Spielte wie heuer der kleine John.

Der tosende Beifall nimmt kein Ende
Als der Junge hebt die Hände
Von dem Klavier, das die Mutter schon
Spielte wie heuer der kleine John.

Der Hund des Hauses läuft herein,
Bellt dreimal laut, als müsste das sein,
An dem Klavier, das die Mutter schon
Spielte wie heuer der kleine John.

Aktivierungen zur Reimgeschichte

Lassen Sie erzählen …

- Haben Sie ein Instrument gespielt? Welches war das? Welches hätten Sie gerne gelernt?
- Welche Erfahrungen haben Sie mit Hunden gemacht?
- Welche Talente und Fähigkeiten haben Sie von Ihren Eltern übernommen?
- Waren Sie einmal in einer ähnlichen Situation, in der Sie vor einer wichtigen Persönlichkeit aufgetreten sind?
- Kennen Sie Lampenfieber? Wie haben Sie es überwunden?

Klavier spielen

Bewegen Sie gemeinsam die Hände wie beim Klavierspielen. Dadurch entspannt sich die Handmuskulatur und der Oberkörper wird leicht bewegt. Beginnen Sie, mit den Fingern in der Luft zu „zappeln“. Wandern Sie dann nach rechts und links.

Die Liebe kommt im Paddelboot

Lassen Sie beim Vorlesen die farbig hervorgehobenen Wörter von den Senioren ergänzen. Bitten Sie die Teilnehmer, das Wort in die Runde zu rufen. Diese können die Reime auch reihum vervollständigen.

Der Erwin liebt die schöne Marie.
Er fragt sich ständig, wie krieg ich *sie*
Dazu, dass sie sich mir zuwendet
Und unsere Liebe glücklich *endet*.

Er lädt sie ein, mit ihm am See
Zu bummeln nach einem Tässchen *Tee*.
Sie stimmt gleich zu und er sorgt sich, wie
Imponiere ich ihr, der schönen *Marie*.

Sie schlendern gemächlich am See einher,
Ihm fehlen die Worte, er sucht sie *sehr*.
Da sieht er den Steg, das Paddelboot.
„Darf ich dich rudern?", fragt er ganz *rot*.

Marie lächelt hold, nickt freundlich und stumm.
Schon rudert er auf dem See *herum*.
Er rudert und rudert, ob er das schafft?
Er spürt das Ende seiner *Kraft*.

Wie wird sie höhnen, wie wird sie lachen,
Nie wieder mit ihm einen Ausflug *machen*.
Die Arme so schwer, das Boot bleibt stehen,
Er wagt ihr kaum in die Augen zu *sehen*.

„Darf ich?“, fragt sie, als wenn nichts wär,
Übernimmt die Paddel und schwenkt sie *umher*.
Schwer wird Erwins Herz, der Traum ist verbrannt.
Das Boot, es nimmt Fahrt auf, gleich sind sie an *Land*.

Mit sicherer Hand steuert sie an den Steg,
Macht das Boot fest und deutet auf den *Weg*.
Erwin wähnt sie entschwinden, doch was tut sie?
Lädt ihn auf die Bank ein – nun seine *Marie*.

Aktivierungen zur Reimgeschichte

Lassen Sie erzählen ...

* Wie hätten Sie sich anstelle von Erwin und Marie verhalten und gefühlt?
* Wie war das, als Sie zum ersten Mal verliebt waren?
* Wie haben Sie den Kontakt zu Ihrem Schwarm hergestellt?
* Womit haben Sie Ihre erste Liebe besonders beeindruckt?
* Haben Sie jemals in einem Paddelboot gesessen? Wo war das? Wohin sind Sie gerudert?
* Wie gefällt es Ihnen am Wasser? Haben Sie viel Zeit dort verbracht oder waren Sie lieber in den Bergen?
* Welche Seen haben Sie besucht? Was haben Sie dort erlebt?

Spiellied: Jetzt fahrn wir übern See

Singen Sie gemeinsam die 1. Strophe des Spiellieds: „Jetzt fahrn wir übern See".

Jetzt fahrn wir übern See

|: Jetzt fahrn wir übern See, übern See
jetzt fahrn wir übern – :| See
|: mit einer hölzern Wurzel,
Wurzel, Wurzel, Wurzel,
mit einer hölzern Wurzel,
kein Ruder war nicht – :| dran.

Melodie und Text: aus Böhmen

Während der ganzen Strophe rudern Sie fleißig in der Gruppe: Winkeln Sie die Arme an, ballen Sie die Fäuste vor dem Bauch nebeneinander und schieben Sie sie in kreisenden Bewegungen vor und zurück – wie beim richtigen Rudern. Beim Singen des Liedes, das sicher die meisten Ihrer Zuhörer kennen werden, lassen Sie jeweils das letzte Wort im Vers aus und singen es erst wieder bei der Wiederholung.

Die süßesten Kirschen

Lesen Sie das Gedicht einmal komplett vor. Beim zweiten Vorlesen sprechen die Zuhörer den farbig hervorgehobenen Vers, der sich in jeder Strophe wiederholt, gemeinsam. Sie können den letzten Vers auch reihum sprechen lassen.

In Nachbars Garten steht ein Baum,
Der leuchtet rot und weit.
Die Früchte rufen, man hört es kaum:
„Kommt her, es ist Kirschenzeit."

Auch Anna und Paula erhaschen den Ruf.
Jedoch sie wissen Bescheid,
Die Kirschen sind des Nachbarn Behuf:
„Kommt her, es ist Kirschenzeit."

Und wenn der Nachbar im Gasthaus sitzt?
Und der Ruf geht nicht so weit?
Ehe die Kirsche am Baum verschwitzt:
„Kommt her, es ist Kirschenzeit."

Die Erste ist Anna, sie klettert zipp, zapp
Zu den höchsten Kirschen weit.
Ergreift sie und wirft sie zur Freundin hinab:
„Kommt her, es ist Kirschenzeit."

Paula sammelt die Kirschen ein,
Bis die Mutter laut ruft: „Arbeit!"
Da läuft sie schnell fort, lässt Anna allein:
„Kommt her, es ist Kirschenzeit."

Anna derweilen nascht hier und nascht da
Wirft hinab ohne Dringlichkeit.
Fragt: „Kommt auch sicher kein Nachbar?
Kommt her, es ist Kirschenzeit."

Das war nicht nötig, er rief schon dort,
Fing mit dem Sohne die Kirschen zu zweit.
„Mein liebes Kind, heraus aus dem Hort.
Kommt her, es ist Kirschenzeit."

Bedrückt klettert Anna die Äste hinunter.
Ihr Blick pure Schuldigkeit.
Doch der Nachbar sagt: „Sei wieder munter,
Kommt her, es ist Kirschenzeit."

Aktivierungen zur Reimgeschichte

Lassen Sie erzählen …

* Welche Streiche haben Sie mit Ihren Freunden gespielt?
* Auf welche Bäume sind Sie als Kind geklettert?
* Weshalb sind Sie darauf geklettert?
* Haben Sie wie die Mädchen in der Geschichte einmal Kirschen in fremden Gärten gepflückt? Wurden Sie erwischt? Welche Strafe erwartete Sie?
* In welcher Form mochten Sie als Kind Kirschen am liebsten? Und wie ist es heute?

  - ✔ Frisch vom Baum gepflückt?
  - ✔ Als Marmelade oder Gelee?
  - ✔ Als Belag auf dem Kuchen?
  - ✔ Heiß mit Vanilleeis?
  - ✔ Im Eierpfannkuchen?

Reimen mit Bewegung

Verbinden Sie den letzten Vers mit Bewegungen:

* Kommt her: mit der rechten Hand jemanden heranwinken
* Es ist: die rechte Faust in die linke Handfläche legen
* Kirschenzeit: die Arme wiederholt weit in die Luft strecken und mit den Händen greifen, als wollte man Kirschen pflücken

Kreisspiel: Rote Kirschen ess ich gern

Erinnern sich Ihre Zuhörer an das Kreisspiel „Rote Kirschen ess ich gern"? Wie haben sie es in ihrer Kindheit gespielt?
Bilden Sie für das Kreisspiel einen Stuhlkreis, in dessen Mitte Sie als Spielleiter umhergehen. Bei „diese Dame soll es sein" bleiben Sie vor einer Person stehen, die nun in die Hände klatschen muss. Dann singen Sie das Lied erneut gemeinsam und verfahren in gleicher Weise.

Rote Kirschen ess ich gern

Rote Kirschen ess ich gern,
Schwarze noch viel lieber.
In die Schule geh ich gern
Alle Tage wieder.

Hier wird Platz gemacht
Für die jungen Damen!
Sitzt ein Kuckuck auf dem Dach,
Kommt der Regen, macht ihn nass,
Kommt der liebe Sonnenschein:
Diese Dame soll es sein.

Melodie und Text: überliefert

Aufgeschnappt

Lassen Sie beim Vorlesen die farbig hervorgehobenen Wörter von den Senioren ergänzen. Bitten Sie die Teilnehmer, das Wort in die Runde zu rufen. Diese können die Reime auch reihum vervollständigen.

An jedem Sonntag der Vater geht
Ins Wirtshaus und bleibt dort von früh bis *spät*.
Vor allem wegen der Schauspielerei.
Nein, nicht zum Trinken, höchstens neben*bei*.

Er schlüpft dort in Rollen, die niemals er wollte,
Wie von Wilhelm Busch die Witwe *Bolte*.
Doch spielt er gern, das ist sein Element,
Den Kaiser, den König und Präsi*dent*.

Manchmal ist auch sein Sohn mit dabei
Schaut eifrig zu, merkt sich aller*lei*.
Das trägt er am nächsten Tag dann vor –
Allerdings jubelt das Publikum nicht im *Chor*.

Fragt der Lehrer: „Was ist denn drei mal zehn?"
Heißt's: „Was fragt er? Das muss doch jeder *verstehn*."
Und bittet die Mutter um einen Gefallen,
Klingt's: „Wer dieses tut, erntet Spott von *allen*."

Beim Kaufmann bestellt der kleine Knilch:
„Ein Getränk von der Kuh" statt einfach nur *Milch*.
Entrüstet verlassen die Kunden den Laden,
Der Kleine merkt nichts, der Mann hat den *Schaden*.

Als schließlich der Kleine dem Vater im Kecken
„Ihr könnt mich am Allerwertesten *lecken*"
Entgegenruft, da ist der Ärger groß.
„Was machen wir mit dem Kleinen *bloß*?"

Fortan bleibt der Kleine am Sonntag zu Haus,
Der Vater auch, doch die Mutter geht *aus*.
Sie besucht ihren Chor, in der Kirche klingen
Schöne Lieder, wenn die Frauen *singen*.

Oftmals ist auch die Tochter dabei
Hört eifrig zu, merkt sich aller*lei*.
Das trägt sie am nächsten Tag dann vor –
Allerdings jubelt das Publikum nicht im *Chor*.

Aktivierungen zur Reimgeschichte

Lassen Sie erzählen ...

Lesen Sie das Gedicht strophenweise vor und fragen die Teilnehmer, was sie mit dem jeweiligen Inhalt verbinden:

* Strophe 1: Wie war der Ablauf des Sonntags in Ihrer Familie? Wo hat Ihr Vater den Sonntag verbracht?
* Strophe 2: Haben Sie Theater gespielt? Welche Rollen am liebsten?
* Strophe 3: Haben Ihre Eltern Sie zu Freizeitaktivitäten mitgenommen? Welche waren das? Was haben Sie für Ihr Leben davon mitgenommen? Gibt es überlieferte Sätze, die Sie als Kind gebraucht haben?
* Strophe 4: Welche Fragen haben Ihnen Lehrer gestellt? Erinnern Sie sich an ein besonderes Erlebnis?
* Strophe 5: Wo wurden in Ihrer Familie Brot oder andere Lebensmittel eingekauft?
* Strophe 6: Welche Redewendungen aus Ihrem Elternhaus nutzen Sie noch heute?
* Strophe 7: Haben Sie oder hat jemand aus Ihrer Familie in einem Chor gesungen? Welches waren Ihre Lieblingslieder?
* Strophe 8: Was haben Sie und Ihre Schwestern bzw. Brüder am Wochenende unternommen?

Schreibspiel

Spielen Sie mit geistig fitten Teilnehmern dieses lustige Schreibspiel. Sie benötigen dazu für jeden Teilnehmer ein Blatt Papier und einen Stift. Das Blatt wird einmal in der Mitte gefaltet. Auf die obere Hälfte schreibt jeder einen kurzen Vers, lässt das letzte Wort aus und dreht das geknickte Blatt Papier anschließend um.
Das letzte Wort des Verses, zu dem ein Reim gesucht werden soll, schreiben die Teilnehmer nun auf die untere Hälfte.
Nun geht das Blatt an den rechten Nachbarn, aber so, dass dieser den oberen Satz nicht lesen kann. Er sieht nur das Reimwort und schreibt dazu einen Reim auf (vgl. Beispiel).
Am Ende werden die Papiere wieder aufgefaltet und alle Verse vorgelesen.
Wer mag, darf natürlich weiterreimen.

Beispiel:

Sonne, Mond
und

Sterne
seh ich
in der Ferne.

Der verfehlte Maibaum

Lesen Sie zunächst nur die Überschrift vor und sprechen Sie darüber, was alles beim Setzen eines Maibaums schiefgehen könnte. Erst dann lesen Sie die komplette Reimgeschichte vor. Die farbig hervorgehobenen Wörter werden bei der Aktivierung im Anschluss relevant.

Es ist ein Brauch zum ersten *Mai*.
Junge Männer stellen aus Liebelei
Vors Haus ihrer Liebsten einen *Baum*,
Meist freut sie sich, stören tut er kaum.

Doch kann es auch sein, wenn lacht der *Mai*
Und der junge Mann trinkt noch nebenbei,
Dass vors falsche Haus er stellt den *Baum*
Und trifft statt der Liebsten einen Herrn mit Flaum.

Noch schlimmer erging es Walter im *Mai*.
Er machte sich auf, guter Dinge dabei.
Platzierte mit Herzen versehen den *Baum*
Und wartete auf eine Antwort vom Traum.

Am nächsten Morgen nur Tuscheln im *Mai*:
„Das hat er nun von der Spielerei."
Die Nachbarn flüstern und wispern vom *Baum*:
„Vor dem Mund ihres Mannes stand angeblich Schaum."

Erst langsam versteht er, dass der *Mai*
Nicht mit Liebe beginnt, sondern Keilerei.
„Was stellst du meiner Frau den *Baum*?",
Tobt ihr Mann, hält sich schwer bloß im Zaum.

Walter blickt nur stumm in den *Mai*.
Was ging nur schief bei der Grübelei?
Die Geliebte wohnt doch hinter dem *Baum*,
Er sah sie betreten das Haus, den Raum.

Er war ihr gefolgt vom Markt im *Mai*,
Ganz unbemerkt bis zur Bastei.
Dorthin brachte er seinen Herzens*baum*.
Nun ist alles anders, das gibt's doch kaum.

„Ich wusste nicht, dass Hanne im *Mai*
Schon vergeben ist, dann ist's vorbei",
Verteidigt er sich und denkt an den *Baum*,
Den kann er entsorgen, aus der Traum.

„Hanne?", ruft der Mann verwundert im *Mai*.
„Meine Frau heißt Herta ganz nebenbei."
Der Junge stammelt und stottert: „Der *Baum*
War für Hanne vom Markt, mit dem Glockensaum."

Der Mann lacht und lacht: „So ist der *Mai*,
Macht aus Männern Kinder, eine Narretei.
Nimm dein Gestrüpp und trage den *Baum*
Zum nächsten Haus, da erfüllt sich dein Traum."

Gesagt, getan, am zweiten Abend im *Mai*
Schleicht Walter umher und geht am Haus vorbei.
In den Garten des Nachbarn stellt er den *Baum*,
Da wartet sie schon, seine Liebe, sein Traum.

Aktivierungen zur Reimgeschichte

Gemeinsam reimen

Teilen Sie die Zuhörer in zwei Gruppen ein. Die eine Gruppe spricht auf ein Zeichen hin „Mai“, die andere „Baum“, sobald die Wörter im Text auftauchen.

Maibaum-Reimen

Sammeln Sie gemeinsam Reimwörter zu „Mai“ und „Baum“. Hier finden Sie einige Beispiele, um die Runde in Gang zu bringen.

* Mai: Hai, zwei, dabei, Einerlei, Keilerei, allerlei, frei, Schrei, Bastei, dabei, vorbei, Grübelei, Spielerei, Quälerei, Liebelei, drei, sei, nebenbei, vogelfrei …
* Baum: Saum, Schaum, Traum, Raum, kaum, Flaum, Zaum …

Maibräuche

Sprechen Sie darüber, welche Maibräuche die Teilnehmer kennen und welche Erinnerungen sie daran haben. Einige Beispiele sind:

- ✔ Tanz in den Mai
- ✔ Arbeiterkundgebung
- ✔ Maitremse *(Drahtgestell in Glockenform, das mit Papier- und Eiergirlanden geschmückt wird und in dessen Innerem ein Vogel hängt; Brauch aus Borken)*
- ✔ Maigang *(mit oder ohne Bollerwagen)*
- ✔ Marienwallfahrt
- ✔ Maikönigin
- ✔ Radtour in den Mai

Blaubeerpfannkuchen

Lesen Sie das Gedicht einmal komplett vor. Beim zweiten Vorlesen sprechen die Zuhörer den farbig hervorgehobenen Vers, der sich in jeder Strophe wiederholt, gemeinsam. Sie können den letzten Vers auch reihum sprechen lassen.

„Wir könnten heute", so spricht die Mutter,
„Pfannkuchen backen aus Eiern, Mehl, Butter.
„Famos", jubeln die Kinder, „das ist ja fein.
Tust du Äpfel oder Blaubeeren hinein?"
„Gehn wir Blaubeeren suchen,
Für den Bli-Blu-Blo-Blaubeerpfannkuchen."

Die Kinder ziehen mit in den Wald,
Die ersten Beeren finden sie bald.
Tief unten am Boden, da warten sie,
Das erste Kind geht in die Knie.
„Gehn wir Blaubeeren suchen,
Für den Bli-Blu-Blo-Blaubeerpfannkuchen."

Das nächste Kind bückt sich daneben,
Eine Beere nach der andren sie heben.
Dann stöhnen sie: „Oh weh, mein Rücken.
Warum müssen wir uns auch immer bücken?“
„Gehn wir Blaubeeren suchen,
Für den Bli-Blu-Blo-Blaubeerpfannkuchen.“

Das dachte auch Ida, als sie das sah.
Sie blickte sich um und entdeckte ganz nah
Viele schwarzblaue Beeren an einem Baum,
Ohne Schmerzen zu pflücken, ein wahrer Traum.
„Gehn wir Blaubeeren suchen,
Für den Bli-Blu-Blo-Blaubeerpfannkuchen.“

Zufrieden ziehen die Kinder nach Hause
Und freuen sich auf die Pfannkuchen-Jause.
Sie reichen der Mutter ihre Körbe, den Topf,
Die Mutter schüttelt bedenklich den Kopf.
„Wart ihr Blaubeeren suchen,
Für den Bli-Blu-Blo-Blaubeerpfannkuchen?“

Empört nicken die Kinder: „Das ist doch wohl klar.“
Erzählen, wie mühsam das Ernten auch war.
Nur Ida hält sich etwas zurück.
Ihr schwant, der Baum war nicht ihr Glück.
„Gehn wir Blaubeeren suchen,
Für den Bli-Blu-Blo-Blaubeerpfannkuchen.“

„Das sind giftige Beeren“, erklärt die Mutter alsdann
Und zeigt auf den Topf, den Ida nahm.
„Die kann man nicht essen, sind unnütze Frucht,
Da hast du eindeutig das Falsche gesucht.“
„Gehn wir Blaubeeren suchen,
Für den Bli-Blu-Blo-Blaubeerpfannkuchen.“

Enttäuscht verlässt Ida mit den Beeren das Haus.
Der kleine Peter kommt mit hinaus.
Er zieht seine Schleuder und zeigt ihr sodann,
Was man mit den Beeren noch machen kann.
„Gehn wir Blaubeeren suchen,
Für den Bli-Blu-Blo-Blaubeerpfannkuchen.“

Aktivierungen zur Reimgeschichte

Lassen Sie erzählen ...

* Wie werden Blaubeeren in Ihrer Region genannt? *(Heidelbeeren, Schwarzbeeren, Mollbeeren, Wildbeeren, Waldbeeren, Bickbeeren, Zeckbeeren, Moosbeeren, Heubeeren ...)*
* Welche Erinnerung haben Sie an Blaubeerpfannkuchen?
* Was haben Sie im Wald gepflückt? War auch einmal etwas dabei, das man nicht essen konnte?
* Hatten Sie eine Schleuder *(auch Katapult, Feltsche, Zwille, Zwockel)*? Womit haben Sie geschossen? Und worauf haben Sie gezielt?

Reimen mit Bewegung

Verbinden Sie den letzten Vers mit Bewegungen:

* Gehn wir Blaubeeren suchen: beide Hände als Schirm über die Augen halten und den Kopf suchend nach rechts und links bewegen
* Für den Bli-Blu-Blo-Blaubeerpfannkuchen: mit beiden Händen vor Vorfreude den Bauch reiben

Pfützenliebe

Ermuntern Sie Ihre Zuhörer, ab der 2. Strophe die letzten immer gleichen Reimwörter „sehen" und „stehen" mitzusprechen. Schwieriger wird es, wenn Sie in einer zweiten Runde die Senioren die beiden Reimwörter alleine sprechen lassen.

Wer liebte es nicht, als Kind in Pfützen
Zu springen oder auch zu sitzen.
Als Eltern hingegen will man's nicht sehen,
Da wünscht man, das Kind würd am Rande stehen.

So auch die Eltern der kleinen Luise.
Ob auf der Straße oder der Wiese,
Wo immer eine Pfütze zu *sehen*,
Kann sie nicht ruhig daneben*stehen*.

Doch nun macht der Regen 'ne lange Pause.
Seit Wochen bleibt er schon zu Hause,
Kein Wölkchen ist am Himmel zu *sehen*:
Und Luise kann nur in der Sonne *stehen*.

Doch das Kind ist nicht dumm, hat eine Idee.
Wie schaffte der Bruder den rutschigen See?
Im letzten Winter konnte sie es *sehen*:
Er ließ Eimer Wasser in der Kälte *stehen*.

Illustration: Dorothee Wolters

Luise schafft Wasser in Eimern heran.
Kippt sie in die Diele, welch ein Plan!
Ganz kurz kann sie eine Pfütze *sehen*,
Dann verteilt sich das Wasser und bleibt nicht *stehen*.

Stattdessen erscheinen die Eltern vor ihr.
„Bist du verrückt, was tust du hier?
Ich will hier im Haus keine Pfütze *sehen*!
Zur Strafe bleibt dein Nachtisch heut *stehen*."

Was ist ein Nachtisch gegen das Gefühl,
Das Luise wieder erleben will.
Ein Blick vor das Haus, da ist zu *sehen*
Der Platz bei den Nachbarn, wo die Trecker *stehen*.

Die Eimer zu tragen, ist nun schwerer,
Der Weg ist weiter, doch dann sind sie leerer.
Endlich die Pfütze, sie ist schon zu *sehen*.
Luise springt hinein, kann nicht still *stehen*.

Auch dieses Vergnügen währt nicht lange.
Da ist eine wütende Menschenschlange
Um die Pfütze herum zu *sehen* –
Kein Wasser dorthin, wo die Fahrzeuge *stehen*.

Am Ende sitzt Luise am Tisch,
Die andren beim Nachtisch, sie isst nur Fisch.
Doch sie träumt von der Pfütze, darauf, sie zu *sehen*,
Wenn es endlich wieder regnet – dann bleibt sie nicht *stehen*.

Aktivierungen zur Reimgeschichte

Lassen Sie erzählen ...

* Sind Sie als Kind auch gerne in Pfützen gesprungen oder haben Sie eher einen Bogen darum gemacht?
* Heute stampfen die Kinder mit Gummistiefeln in Pfützen. Wie war das in Ihrer Kindheit? Gab es schon Gummistiefel? Gingen Sie barfuß? Oder hatten Sie Schuhe, die auf keinen Fall in Pfützen geraten durften?
* Wie eng war der Kontakt zu Ihren Nachbarn in der Kindheit?
* Welches war Ihre Lieblingsbeschäftigung als Kind im Sommer?
* Und was haben Sie im Winter am liebsten gemacht?

Reimkiste

Sammeln Sie gemeinsam Reimwörter auf „-ehen“: drehen, gehen, nähen, flehen, mähen, wehen, Geschehen, Zehen ... Vielleicht können Sie gemeinsam sogar ein ganzes Gedicht reimen?

Eine rasante Schlittenfahrt

Lesen Sie das Gedicht einmal komplett vor. Beim zweiten Vorlesen sprechen die Zuhörer den farbig hervorgehobenen Vers, der sich in jeder Strophe wiederholt, gemeinsam. Sie können den letzten Vers auch reihum sprechen lassen.

Direkt von der Schule stürmt Lotte nach Haus,
Holt gleich ihren alten Schlitten heraus.
Doch er ist viel zu stumpf, schlittert gar nicht mehr,
Da müssen Politur und Lappen her.
Es schneit, es schneit, jetzt ist Schlittenzeit.

Auch bei Nachbars wird gewienert, bis es blinkt.
Karl-Otto leise von der Schlittenfahrt singt.
Schon nahen Emilie und Werner heran –
Natürlich mit Schlitten am Band hintenan.
Es schneit, es schneit, jetzt ist Schlittenzeit.

Dann sind alle bereit für die große Schau
Und fragen sich grad: „Wer zieht uns?“ „Genau?“
Kein Berg und kein Hügel sind nah’bei zu sehen,
Wenn keiner zieht, dann bleiben die Schlitten wohl stehen.
Es schneit, es schneit, jetzt ist Schlittenzeit.

Erst schiebt einer den andern, dann ist dieser dran.
Von Spaß da keine Rede sein kann.
Enttäuscht treten die Vier mit Füßen den Schnee.
Was sie jetzt brauchen, ist eine Idee.
Es schneit, es schneit, jetzt ist Schlittenzeit.

„Ich hab's", ruft Karl-Otto, sein Grinsen wird breit.
„Das ist die Idee, kommt mit, nicht weit."
Die drei anderen folgen ihm in den Stall.
„Was soll das?", wispert Werner. „Der hat doch nen Knall."
Es schneit, es schneit, jetzt ist Schlittenzeit.

Karl-Otto jedoch lässt sich nicht beirren.
„Helft mir lieber, das Pony zu schirren",
Bittet er und winkt mit Trense und Zügel.
„Das ist viel besser als jeder Hügel."
Es schneit, es schneit, jetzt ist Schlittenzeit.

Es dauert nicht lange, da sitzen die vier
Auf zwei Schlitten hinter dem Ponytier.
Sie juchzen, sie jubeln, fallen und schrein.
So schön kann eine Schlittenfahrt sein.
Es schneit, es schneit, jetzt ist Schlittenzeit.

Aktivierungen zur Reimgeschichte

Lassen Sie erzählen ...

* Erinnern Sie sich an eine ganz besondere Schlittenfahrt?
* Woher hatten Sie Ihren Schlitten?
* Wer hat Sie auf dem Schlitten durch den Schnee gezogen?
* Was haben Sie noch im Schnee gespielt?

  - ✔ Schneemann bauen
  - ✔ Schneeballschlacht veranstalten
  - ✔ einen Schneeengelabdruck machen

Reimen mit Bewegung

Verbinden Sie den letzten Vers mit Bewegungen:

* Es schneit, es schneit: die Hände mit zappelnden Fingern auf- und ab bewegen
* jetzt ist Schlittenzeit: den Oberkörper vor- und zurückbewegen

Alternativ setzen Sie einen Softball ein, der während des Refrains als „Schneekugel" von Teilnehmer zu Teilnehmer geworfen wird:

Es schneit *(Wurf)* – es schneit *(Wurf)* – jetzt ist Schlittenzeit *(Wurf)*.

Das erste Mal am Meer

Lassen Sie beim Vorlesen die farbig hervorgehobenen Wörter von den Senioren ergänzen. Bitten Sie die Teilnehmer, das Wort in die Runde zu rufen. Diese können die Reime auch reihum vervollständigen.

Mutter plant Urlaub, denkt hin und her:
„In diesem Jahr fahrn wir ans *Meer*.
Das Wasser dort wird uns bekommen,
Und, Marliese-Kind, du bist noch nie *geschwommen*."

Marliese zieht die Stirne kraus.
„Mir wäre lieber, wir blieben zu *Haus*.
Hier muss ich nicht auf das Wasser schielen.
Hier kann ich schlafen, lesen und *spielen*."

„Nichts da, wir fahren mit einem Kutter.
Das wird wunderschön", widerspricht die *Mutter*.
„Über das Wasser, das wird nett und netter,
Wenn die Sonne scheint und es ist schönes *Wetter*."

Gesagt, gewartet und getan.
Der Reisetag naht nun *heran*.
Kaum sitzt man im Zug und rollt an den Ort,
Stellt man fest, dass der Schirm auf einmal ist *fort*.

„Er wurde gestohlen“, klagt die Mutter laut.
„Den Nachbarn wurde der Koffer *geklaut*.“
Damit dies nicht geschieht, fordert Mutter jetzt,
Dass Marliese sich auf den Koffer *setzt*.

Da sitzt Marliese auf dem Koffer herum,
Langsam wird ihr das aber zu *dumm*.
Doch hört sie stets, wenn den Platz sie verlässt:
„Vorsicht! Die Diebe! Halt den Koffer gut *fest*!“

Da hält der Zug, aufs Schiff nun geschwind,
Ohne Schirm, doch mit Koffer, Mutter und *Kind*.
Es dauert nicht lange, schon sind sie an Land.
Erstaunt ist Marliese über den *Strand*.

„Wir packen fix aus, geh mir zur Hand,
Dann gehn wir ans Meer und liegen im *Sand*.“
Mutters Bikini, von Marliese die Katz
Finden in Schrank und Bett ihren *Platz*.

Endlich geht's los. Nun freut sie sich doch,
Die Marliese aufs Wasser, doch da ist nur ein *Loch*.
„Das ist nicht zu fassen", schimpft sie und schaut:
„Es war jemand da, hat das Wasser *geklaut*."

Die Mutter lacht und neckt das Kind:
„Das ist hier so, es geht *geschwind*,
Das Wasser aber, es kommt wieder,
Dann planschen wir darin auf und *nieder*."

Aktivierungen zur Reimgeschichte

Lassen Sie erzählen ...

* Wann waren Sie das erste Mal am Meer?
* Wo war das?
* Mit wem waren Sie dort?
* Wie verlief die Reise dorthin?
* Waren Sie schon einmal an der Nordsee? Erinnern Sie sich, ob Ihnen damals der Wechsel von Ebbe und Flut aufgefallen ist? Wenn ja, gab es ein besonderes Vorkommnis? Waren Sie z. B. plötzlich von Wasser umgeben?
* Wann haben Sie Schwimmen gelernt? Wer hat es Ihnen beigebracht?

Ich packe meinen Koffer ...

Spielen Sie doch mal eine Runde „Ich packe meinen Koffer“. Ein Teilnehmer beginnt: „Ich packe meinen Koffer und nehme ... mit“. Der nächste wiederholt den Satz seines Vorgängers und fügt einen weiteren Gegenstand ein. Nach drei Gegenständen wird ein neuer Koffer gepackt.

Richtfest

Lassen Sie beim Vorlesen die farbig hervorgehobenen Wörter von den Senioren ergänzen. Bitten Sie die Teilnehmer, das Wort in die Runde zu rufen. Diese können die Reime auch reihum vervollständigen.

Da steht das Haus, noch ohne Dach,
Das legen bald die Männer vom *Fach*,
Mit Holzstreben für das Ziegelwerk.
Kräftig sind sie, darunter kein *Zwerg*.

Am nächsten Tag soll es Richtfest geben.
Dann lassen die Nachbarn das Haus hoch*leben*.
Mit Fleisch vom Grill und Bier dazu
Und die Bewohner, da gibt's keine *Ruh*.

Klein-Paule jedoch ist noch nicht zufrieden.
Er betrachtet den Richtkranz und sagt *entschieden*:
„Der ist ja nicht bunt, nur grün, das ist fade.
Ein Kranz ohne Bänder, das ist doch *schade*."

Die Eltern stört's wenig, den Bruder kaum.
„Du spinnst", sagt dieser, „das ist eben ein *Baum*."
Doch Paule will es schöner haben,
Sucht im ganzen Haus schöne, bunte *Gaben*.

Endlich! Im Hausflur wird er fündig.
Es dauert etwas, nichts klappt kurz und *bündig*,
Doch dann sagt er leise: „Das lässt sich sehen.
Das Richtfest kann kommen. So müsste es *gehen*."

Am nächsten Morgen ist groß das Geschrei,
Als der Meister und der Gesellen *zwei*,
Vater, Mutter und Bruder mit großer Klag
Wollen Schnürsenkel binden wie jeden *Tag*.

Die zieren den Richtkranz, der wunderbar
Gleich neben Klein-Paule strahlt wie ein *Star*.
Mit weiß-braun-schwarzen Bändern am grünen Gewand.
Der Großvater sagt: „Das war Kinder*hand*."

Genauso war es. Klein-Paule nicht dumm
Band die Schnürsenkel um den Kranz *herum*.
Hat sie vorher noch schön nach Farben sortiert
Und so das grüne Ding *verziert*.

Die Familie schweigt, da stehen schon
Die ersten Gäste, keiner sagt einen *Ton*.
Keiner weiß, wohin mit Geschenken und Gaben.
Und keiner will die Entscheidung *haben*.

Da endlich ergreift Paules Opa das Wort,
Zwinkert Paule zu und erklärt: „Ab *sofort*
Ist das nun eben eine neue Sitte.
Hoch lebe das Haus und nun feiert *bitte*!“

Die Mutter zieht Klein-Paule am Ohr
Und wispert leise: „Du bist doch ein *Tor*.“
Der Vater guckt böse, der Bruder lacht.
Großvater flüstert: „Prima *gemacht*.“

Aktivierung zur Reimgeschichte

Lassen Sie erzählen …

* Haben Sie selbst ein Richtfest erlebt? Wie alt waren Sie damals? Welches Haus wurde gebaut?
* Durften Sie vielleicht sogar den Richtspruch sprechen? Kennen Sie ihn noch?
* Wie hätten Sie den grünen Kranz verziert?
* Wie gefällt Ihnen die Reaktion des Großvaters, der den Schabernack seines Enkels befürwortet? Hätte Ihr Großvater ähnlich reagiert?
* Welche Erinnerung haben Sie an Ihren Großvater oder Ihre Großmutter?
* Wo wurden in Ihrer Familie die Schuhe aufbewahrt?
* Wer gehörte zu Ihrem Haushalt? *(Eltern, Kinder, Handwerker, Haushaltshilfe, Knecht, Magd …)*

Der Zauberer

Lesen Sie das Gedicht vor und lassen Sie die Zuhörer den Zauberspruch „Abrakadabra, dreimal schwarzer Kater" sprechen, den Sie zuvor gemeinsam einüben.

Sobald der Jahrmarkt zieht in die Stadt,
Taucht auch ein seltsamer Mann hier auf.
Auf dem Kopf er einen Zylinder hat
Und sein Anzug ist schwarz mit weißen Knöpfen drauf.
Er steht da und betrachtet die Mutter, den Vater:
„Abrakadabra, dreimal schwarzer Kater."

Einer nach dem anderen bleibt
Vor dem bunten Wagen stehen.
Wartet darauf, dass der Zauberer reibt
Seinen Zauberstab, um Magie zu begehen.
Vor allem die Kinder laut oder zarter:
„Abrakadabra, dreimal schwarzer Kater."

„Wer möchte Kekse naschen?“, fragt er
Und wedelt doch nur mit Zeitungspapier.
Verstaut es, entzündet es, „Aua“, klagt er
Und zeigt uns seine Kekse hier.
Doch zuvor ruft er laut wie der Vater:
„Abrakadabra, dreimal schwarzer Kater.“

„Madame, guten Morgen“, heißt es alsdann
Zu der schönen Frau in der Reihe ganz vorn.
„Ich schenke Ihnen Blumen irgendwann“,
Verspricht er und nimmt eine Handvoll Korn.
Wirft sie in die Luft, als wären es Krater.
„Abrakadabra, dreimal schwarzer Kater.“

Aus der Tasche des Pfarrers eine Karte er zieht,
Johannas Mutter bekommt einen Hasen,
Was Johanna durchaus kritisch sieht.
Besser jedoch als bemalte Nasen.
Immer feuern die Menschen: „Mehr, Zaubervater.
Abrakadabra, dreimal schwarzer Kater.“

„Was soll ich zaubern?“, will er schließlich wissen
Und schaut in die Runde, um Wünsche zu finden.
„Nen Kater“, ruft jemand und muss gleich schon niesen,
„Aus Schwiegermutter, dann würd ich mich binden.“
Die Menge johlt: „Die ist eine Marter!
Abrakadabra, dreimal schwarzer Kater.“

Der Zauberer bittet den Mann zu sich.
„Soll ich das wirklich heute wagen?"
Der Mann nickt heftig und der Zauberer spricht,
Ohne Weiteres zu erfragen.
„So werde aus diesem Mann ein Kater.
Abrakadabra, dreimal schwarzer Kater."

Und die Moral von der Geschicht?
Überleg dir genau, wünschst du dir was,
Manchmal kommt's, manchmal nicht,
Manch Zauberer macht keinen Spaß.
Hör sehr genau hin und spiel nicht den Rater,
Bei *„Abrakadabra, dreimal schwarzer Kater."*

Aktivierungen zur Reimgeschichte

Lassen Sie erzählen ...

- Beherrschen Sie einen Zaubertrick? Vielleicht können Sie es uns vorführen?
- Wann haben Sie zum ersten Mal einen Zauberer erlebt? Was hat er gezaubert?
- Was würden Sie sich zaubern lassen, wenn Sie einen Wunsch frei hätten?
- Welche weiteren Zaubersprüche kennen Sie?

  - ✔ Simsalabim
  - ✔ Hokuspokus fidibus

Reimen mit Bewegung

Verbinden Sie den letzten Vers mit Bewegungen:

- Abrakadabra: die Hände beschwörend vor dem Kopf kreisen
- dreimal schwarzer Kater: 3-mal die Hände mit ausgestrecktem Zeigefinger im Rhythmus des Spruchs schütteln

Nachts in der Küche

Lassen Sie beim Vorlesen die farbig hervorgehobenen Wörter von den Senioren ergänzen. Bitten Sie die Teilnehmer, das Wort in die Runde zu rufen. Diese können die Reime auch reihum vervollständigen.

Nachts, wenn alles schläft im Haus,
Wenn überall gehen die Lichter *aus*,
Erscheint aus dem Nichts die Küchenmamsell
Und jongliert mit Schüssel und Löffel gar *schnell*.

Sie zaubert aus Eiern, Zucker und Mehl
Einen Teig und macht ihn mit Safran *gehl*.
Unwirsch streicht sie ein Haar aus der Tolle
Und walzt dann kräftig die Kuchen*rolle*.

Der Teig wird flach und glatt und breit.
Sie schaut auf die Uhr, es wird auch *Zeit*.
Sie hat schließlich für ihre muntere Runde
Nur 60 Minuten, genau eine *Stunde*.

Der Backofen feuert, es wird langsam heiß,
Der Boden ist vom Mehl schon ganz *weiß*.
Das Tempo, es steigt, die Mamsell geht zum Brett
Und holt zum Einfetten noch ein wenig *Fett*.

Nun schneidet sie aus dem Teig lauter Sachen,
Die jedoch nicht allen Freude *machen*.
Kleine Gespenster mit weißem Gewand
Und ein Teigbild von sich hält sie in der *Hand*.

„Rasch in den Ofen“, erklingt es leicht erregt.
„Eh der Zeiger der Uhr auf eins sich *bewegt*.“
Dann nämlich verschwinden Mamsell, Mehl und Ei,
Dann nämlich ist der Spuk *vorbei*.

Am Morgen finden die Bewohner das Chaos
Und fragen verwundert: „Was war denn da *los*?“
Eine Antwort gibt's nicht, da sind nur teighell
Plätzchen als Gespenster und Küchen*mamsell*.

Aktivierungen zur Reimgeschichte

Lassen Sie erzählen …

* Hatten Sie schon einmal das Gefühl, dass es in Ihrem Haus spukt? Wie haben Sie reagiert?
* Wurden in Ihrer Familie Gruselgeschichten erzählt? An welche erinnern Sie sich?
* Und was wurde in Ihrer Familie gebacken? Kennen Sie das, dass man Muster aus Plätzchenteig schneidet oder mit Förmchen ausstanzt?
* Haben Sie noch mit Safran gebacken? Oder mit anderen Gewürzen und Zutaten, die heute in Vergessenheit geraten sind? *(Pottasche, Anis, Hirschhornsalz …)*

Singen Sie gemeinsam!

Singen Sie gemeinsam das altvertraute Lied „Backe, backe Kuchen“:

Backe, backe Kuchen

Backe, backe Kuchen,
der Bäcker hat gerufen!
Wer will guten Kuchen backen,
der muss haben sieben Sachen:
Eier und Schmalz,
Zucker und Salz,
Milch und Mehl,
Safran macht den Kuchen gehl.
Schieb, schieb in 'n Ofen 'nein!

Melodie und Text: Kinderreim aus Sachsen und Thüringen, vor 1840

Kirchweih

Lassen Sie beim Vorlesen die farbig hervorgehobenen Wörter von den Senioren ergänzen. Bitten Sie die Teilnehmer, das Wort in die Runde zu rufen. Diese können die Reime auch reihum vervollständigen.

Wie jedes Jahr geht Kurt auch heuer
Zur Kirchweih und weiß, der Besuch wird *teuer*.
Kurt liebt nämlich die Frau mit der Dose
Und trägt drum am Revers eine *Rose*.

Die Freunde schauen, welcher Stand ist neuer,
Und mahnen den Kurt: „Das wird zu *teuer*."
Doch Kurt zieht schon die ersten Lose.
Und gewinnt sofort eine rote *Rose*.

Die Rose reicht er der Dame mit Feuer.
„Darf ich es wagen?", fragt lieb er und *teuer*.
Blickt in ihre Augen über der Dose.
Die Dame nickt und nimmt die *Rose*.

So verschleudert der Kurt hurtig seine Heuer,
Die anderen mahnen: „Das wird aber *teuer*."
Doch er kauft und kauft fast alle Lose.
Die Freunde mahnen: „Da hilft keine *Rose*!"

Nun wird Kurt recht wütend. „Ihr seid nicht geheuer!
Verschwindet doch endlich, mir ist nichts zu *teuer*
Für diese Dame an der Dose,
Die so lieblich lächelt mit der roten *Rose*."

Die anderen mahnen: „Frag nicht nach dem Steuer
Trunken vor Liebe, das wird uns zu *teuer*."
Sie lachen schon wieder: „Dann nimm deine Lose.
Pass aber auf, sonst sticht dich die *Rose*."

Auf einmal sieht Kurt den Mann, der spuckt Feuer.
Dieser lacht ihn glatt aus und scherzt noch: „War's *teuer*?"
Stellt sich an den Stand der Frau mit der Dose,
Umarmt sie ganz frech und schenkt ihr eine *Rose*.

„Die Braut ist mein, die bring ich in die Scheuer",
Ruft Kurt sofort, „die ist mir lieb und *teuer*."
Sie schüttelt den Kopf. „Das ist mein Herr der Lose."
Und dieser verbrennt am Revers noch Kurts *Rose*.

Aktivierungen zur Reimgeschichte

Lassen Sie erzählen …

✱ Wie heißt die Kirchweih in Ihrer Region?

- ✔ Kirmes
- ✔ Jahrmarkt
- ✔ Pfarrfest

✱ Welche Stände oder Fahrgeschäfte mochten Sie als junger Mensch am liebsten? Und was wäre Ihnen heute am liebsten?

- ✔ Losbude
- ✔ Schiffsschaukel
- ✔ Selbstfahrer/Autoskooter
- ✔ Raupenbahn
- ✔ Geisterbahn
- ✔ Schießstand

✱ An welche Erlebnisse auf der Kirmes erinnern Sie sich besonders gerne?

✱ Haben Sie schon einmal einen Feuerspucker erlebt? Wo war das?

Gemeinsam reimen

Teilen Sie die Zuhörer in zwei Gruppen auf und weisen Sie der einen Gruppe das Wort „teuer“ zu und der anderen das Wort „Rose“. Lassen Sie beim Vorlesen die Wörter von den Senioren ergänzen und geben Sie der jeweiligen Gruppe bei Bedarf ein Einsatzzeichen.

Klassische Reimgeschichten

Heidenröslein

Sah ein Knab ein Röslein stehn,
Röslein auf der Heiden,
War so jung und morgenschön,
Lief er schnell, es nah zu sehn,
Sah's mit vielen Freuden.
Röslein, Röslein, Röslein rot,
Röslein auf der Heiden.

Knabe sprach: Ich breche dich,
Röslein auf der Heiden!
Röslein sprach: Ich steche dich,
Dass du ewig denkst an mich.
Und ich will's nicht leiden.
Röslein, Röslein, Röslein rot,
Röslein auf der Heiden.

Und der wilde Knabe brach
's Röslein auf der Heiden;
Röslein wehrte sich und stach.
Half ihm doch kein Weh und Ach,
Musst es eben leiden.
Röslein, Röslein, Röslein rot,
Röslein auf der Heiden.

Johann Wolfgang von Goethe

Aktivierungen zur Reimgeschichte

Lassen Sie erzählen ...

- In welchem Zusammenhang haben Sie zum ersten Mal dieses Gedicht gehört?
- Welche Bedeutung haben Rosen in Ihrem Leben?
- Von wem haben Sie Ihre erste Rose geschenkt bekommen?
- Erinnern Sie einen ganz besonderen Spaziergang in der Heide?

Singen Sie gemeinsam!

Die meisten Senioren werden dieses Gedicht auch als Lied kennen. Stimmen Sie es gemeinsam an.

Rosen aus Krepppapier basteln

Basteln Sie gemeinsam schöne Rosen aus Krepppapier. Schneiden Sie vorab ca. 35 x 14 cm lange Streifen zu und verteilen Sie diese an die Teilnehmer. Diese basteln nun in folgenden Schritten die Rosen:

- Zunächst falten sie das Krepppapier quer in der Mitte.
- Nun rollen sie es locker zur Rosenblüte ein.

Zum Schluss binden Sie die Papierrose mit etwas Draht oder Bindfaden zusammen. So lässt sich ganz leicht eine schöne Dekoration basteln.

Das Rabennest

Tragen Sie das Gedicht vor, ohne den Autor zu nennen. Lassen Sie beim Vorlesen die farbig hervorgehobenen Wörter von den Senioren ergänzen. Bitten Sie die Teilnehmer, das Wort in die Runde zu rufen. Diese können die Reime auch reihum vervollständigen.

Zwei Knaben, jung und heiter,
Die tragen eine *Leiter*.

Im Nest die jungen Raben,
Die werden wir gleich *haben*.

Da fällt die Leiter um im Nu,
Die Raben sehen munter *zu*.

Sie schreien im Vereine:
„Man sieht nur noch die *Beine*!"

Der Jäger kommt an diesen Ort
Und spricht zu seinem Hund: „*Apport*!"

Den Knaben apportiert der Hund,
Der Jäger hat die Pfeif im *Mund*.

„Nun hole auch den andern her!"
Der Schlingel aber will nicht *mehr*.

Der Jäger muss sich selbst bemühn,
Den Knaben aus dem Sumpf zu *ziehn*.

Zur Hälfte sind die Knaben
So schwarz als wie die *Raben*.

Der Hund und auch der Jägersmann,
Die haben schwarze Stiefel *an*.

Die Raben in dem Rabennest
Sind aber kreuzfidel *gewest*.

Wilhelm Busch

Aktivierung zur Reimgeschichte

Lassen Sie erzählen …

* Wen vermuten Sie als Autor des Gedichts?
* Welche weiteren Geschichten kennen Sie von Wilhelm Busch?

  - ✔ Max und Moritz
  - ✔ Die fromme Helene
  - ✔ Hans Huckebein
  - ✔ Fipps, der Affe
  - ✔ Plisch und Plum

* Wo haben Sie einmal ein Vogelnest gesehen? Befanden sich junge Vögel in dem Nest? Welcher Art gehörten diese an?
* An welche Streiche aus Ihrer Kindheit erinnern Sie sich besonders?
* Waren Sie Jäger? Oder haben Sie einmal einen Jäger begleitet? Was haben Sie dabei erlebt?

Die Loreley

Ich weiß nicht was soll es bedeuten,
Dass ich so traurig bin;
Ein Märchen aus alten Zeiten,
Das kommt mir nicht aus dem Sinn.

Die Luft ist kühl und es dunkelt,
Und ruhig fließt der Rhein;
Der Gipfel des Berges funkelt
Im Abendsonnenschein.

Die schönste Jungfrau sitzet
Dort oben wunderbar;
Ihr goldnes Geschmeide blitzet,
Sie kämmt ihr goldenes Haar.

Sie kämmt es mit goldenem Kamme
Und singt ein Lied dabei;
Das hat eine wundersame,
Gewaltige Melodei.

Den Schiffer im kleinen Schiffe
Ergreift es mit wildem Weh;
Er schaut nicht die Felsenriffe,
Er schaut nur hinauf in die Höh.

Ich glaube, die Wellen verschlingen
Am Ende Schiffer und Kahn;
Und das hat mit ihrem Singen
Die Lore-Ley getan.

Heinrich Heine

Aktivierungen zur Reimgeschichte

Lassen Sie erzählen ...

* Kennen Sie diese Verse? In welchem Zusammenhang haben Sie sie schon gehört?
* Waren Sie schon an dem Felsen am Rhein, auf dem die Loreley gesessen haben soll? Mit wem waren Sie dort? Was haben Sie dort erlebt?
* Haben Sie auf einem Schiff gesessen, das unter dem Loreley-Felsen vorbeifuhr? Welche Erinnerungen haben Sie daran?
* Welche Erfahrungen haben Sie ansonsten auf Schifffahrten gemacht?
* Welche Städte am Rhein haben Sie besucht? Oder haben Sie dort gelebt?

Singen Sie gemeinsam!

Die meisten Senioren werden dieses Gedicht auch als Lied kennen. Stimmen Sie es gemeinsam an.

Der Kuckuck

Der Kuckuck sprach mit einem Star,
Der aus der Stadt entflohen war.
„Was spricht man“, fing er an zu schreien,
„Was spricht man in der Stadt von unsern Melodein?
Was spricht man von der Nachtigall?“
„Die ganze Stadt lobt ihre Lieder.“ –
„Und von der Lerche?“ rief er wieder.
„Die halbe Stadt lobt ihrer Stimme Schall.“
„Und von der Amsel?“ fuhr er fort.
„Auch diese lobt man hier und dort.“ –
„Ich muss dich doch noch etwas fragen:
Was“, rief er „spricht man denn von mir?“
„Das“, sprach der Star „das weiß ich nicht zu sagen;
Denn keine Seele red’t von dir.“ –
„So will ich“, fuhr er fort „mich an dem Undank rächen,
Und ewig von mir selber sprechen.“

Christian Fürchtegott Gellert

Aktivierung zur Reimgeschichte

Lassen Sie erzählen ...

* Haben Sie schon den Ruf eines Kuckucks gehört? Wo hielten Sie sich auf?
* Welche Sprichwörter und Redewendungen mit dem Begriff „Kuckuck" kennen Sie?
    - ✔ Weiß der Kuckuck!
    - ✔ Zum Kuckuck!
    - ✔ Hol dich der Kuckuck!
    - ✔ Jemandem ein Kuckucksei ins Nest legen
* Was sollte man laut einer Sage unbedingt in seiner Tasche haben, wenn der Kuckuck schreit? *(Geld, denn derjenige wird das ganz Jahr genügend Geld haben.)*
* Welche weiteren Vogelarten kennen Sie?
* Welche Lieder über den Kuckuck und Vögel fallen Ihnen ein?
    - ✔ Kuckuck, Kuckuck, ruft's aus dem Wald
    - ✔ Der Kuckuck und der Esel
    - ✔ Alle Vögel sind schon da
    - ✔ Ein Vogel wollte Hochzeit machen
    - ✔ Kommt ein Vogel geflogen

Bei den erwähnten Liedern handelt es sich um Volksgut, das viele der Zuhörer noch kennen. Laden Sie sie ein, die Lieder mit- oder vorzusingen.

Die zwei Gesellen

Es zogen zwei rüst'ge Gesellen
Zum ersten Mal von Haus,
So jubelnd recht in die hellen,
Klingenden, singenden Wellen
Des vollen Frühlings hinaus.

Die strebten nach hohen Dingen,
Die wollten, trotz Lust und Schmerz,
Was Rechts in der Welt vollbringen,
Und wem sie vorüber gingen,
Dem lachten Sinnen und Herz.

Der erste, der fand ein Liebchen,
Die Schwieger kauft' Hof und Haus;
Der wiegte gar bald ein Bübchen,
Und sah aus heimlichem Stübchen
Behaglich ins Feld hinaus.

Dem zweiten sangen und logen
Die tausend Stimmen im Grund,
Verlockend' Sirenen, und zogen
Ihn in der buhlenden Wogen
Farbig klingenden Schlund.

Und wie er auftaucht' vom Schlunde,
Da war er müde und alt,
Sein Schifflein das lag im Grunde,
So still war's rings in die Runde,
Und über die Wasser weht's kalt.

Es singen und klingen die Wellen
Des Frühlings wohl über mir;
Und seh ich so kecke Gesellen,
Die Tränen im Auge mir schwellen –
Ach Gott, führ uns liebreich zu dir!

Joseph von Eichendorff

Aktivierungen zur Reimgeschichte

Lassen Sie erzählen …

* Haben Sie selbst ein Handwerk gelernt?
* Woran erinnern Sie sich aus Ihrer Lehrlings- und Gesellenzeit besonders gerne?
* Waren Sie nach Ihrer Lehrzeit auf der Walz oder Wanderschaft?
  - ✔ Welche Orte haben Sie bereist?
  - ✔ Wie haben Sie sich fortbewegt?
  - ✔ Gab es bestimmte Regeln und Rituale, die Sie einhalten mussten?
  - ✔ Welche Erfahrungen sind Ihnen besonders in Erinnerung geblieben?
* Wann haben Sie Ihre erste große Liebe getroffen? Lebte sie in Ihrem Heimatort oder weiter weg?
* Welche Lieder rund um das Thema „Wandern“ kennen Sie?
  - ✔ Das Wandern ist des Müllers Lust
  - ✔ Taler, Taler, du musst wandern
  - ✔ Auf, du junger Wandersmann
  - ✔ Im Frühtau zu Berge

Singen Sie gemeinsam!

Wie die Wanderschaft aussah, beschreibt das Lied „Das Wandern ist des Müllers Lust“, das Sie zum Abschluss der Vorleserunde gemeinsam singen können.

Das Wandern ist des Müllers Lust

1. |: Das Wandern ist des Müllers Lust, :|
das Wandern.
Das muss ein schlechter Müller sein,
|: dem niemals fiel das Wandern ein, :|
das Wandern, Wandern,
|: das Wandern, :|
das Wandern, das Wandern, das Wandern.

2. |: Vom Wasser haben wir's gelernt, :|
vom Wasser!
Das hat nicht Rast bei Tag und Nacht,
|: ist stets auf Wanderschaft bedacht, :|
das Wasser, Wasser,
|: das Wasser, :|
das Wasser, das Wasser, das Wasser.

3. |: Das sehn wir auch den Rädern ab, :|
den Rädern,
die gar nicht gerne stille stehn,
|: die sich bei Tag nicht müde drehn, :|
die Räder, Räder,
|: die Räder, :|
die Räder, die Räder, die Räder.

4. |: Die Steine selbst, so schwer sie sind, :|
die Steine,
sie tanzen mit den muntern Reihn
|: und wollen gar noch schneller sein, :|
die Steine, Steine,
|: die Steine, :|
die Steine, die Steine, die Steine.

5. |: O Wandern, Wandern, meine Lust, :|
o Wandern!
Herr Meister und Frau Meisterin,
|: lasst mich in Frieden weiterziehn :|
und wandern, wandern
|: und wandern :|
und wandern, und wandern, und wandern.

Melodie: Carl Friedrich Zöllner
(1800–1860), 1844
Text: Wilhelm Müller
(1794–1827), 1818

Erlkönig

Viele Ihrer Zuhörer werden sich sofort an das Gedicht aus Ihrer Schulzeit erinnern, wenn Sie den Titel nennen. Lassen Sie es von den Senioren aufsagen. Ergänzen Sie die Reime nur, wenn die Teilnehmer nicht mehr weiterwissen.

Wer reitet so spät durch Nacht und Wind?
Es ist der Vater mit seinem Kind;
Er hat den Knaben wohl in dem Arm,
Er fasst ihn sicher, er hält ihn warm.

Mein Sohn, was birgst du so bang dein Gesicht?
Siehst, Vater, du den Erlkönig nicht?
Den Erlenkönig mit Kron und Schweif?
Mein Sohn, es ist ein Nebelstreif.

„Du liebes Kind, komm, geh mit mir!
Gar schöne Spiele spiel ich mit dir;
Manch bunte Blumen sind an dem Strand;
Meine Mutter hat manch gülden Gewand."

Mein Vater, mein Vater, und hörest du nicht,
Was Erlenkönig mir leise verspricht?
Sei ruhig, bleibe ruhig, mein Kind;
In dürren Blättern säuselt der Wind.

„Willst, feiner Knabe du mit mir gehn?
Meine Töchter sollen dich warten schön;
Meine Töchter führen den nächtlichen Reihn
Und wiegen und tanzen und singen dich ein."

Mein Vater, mein Vater, und siehst du nicht dort
Erlkönigs Töchter am düstern Ort?
Mein Sohn, mein Sohn, ich seh es genau:
Es scheinen die alten Weiden so grau.

„Ich liebe dich, mich reizt deine schöne Gestalt;
und bist du nicht willig, so brauch ich Gewalt."
Mein Vater, mein Vater, jetzt fasst er mich an!
Erlkönig hat mir ein Leids getan!

Dem Vater grauset's, er reitet geschwind,
Er hält in den Armen das ächzende Kind,
Erreicht den Hof mit Mühe und Not;
In seinen Armen das Kind war tot.

Johann Wolfgang von Goethe

Aktivierung zur Reimgeschichte

Lassen Sie erzählen ...

- Woher kennen Sie das Gedicht?
- Wie war Ihre Schulzeit? Welche schönen Erinnerungen haben Sie daran?
- Welche Gedichte haben Sie außer dem „Erlkönig“ auswendig gelernt? Können Sie diese noch aufsagen? Die ersten Verse bekannter Gedichte aus der Schulzeit dienen als kleine Erinnerungsstütze:

Die Glocke

Fest gemauert in der Erden
Steht die Form aus Lehm gebrannt.
Heute muss die Glocke werden.
Frisch, Gesellen, seid zur Hand
(...)

(Friedrich Schiller)

Die Heinzelmännchen

Wie war zu Köln es doch vordem
Mit Heinzelmännchen so bequem!
Denn, war man faul – man legte sich
Hin auf die Bank und pflegte sich:
(...)

(August Kopisch)

Der König in Thule

Es war ein König in Thule
Gar Treu bis an das Grab,
Dem sterbend seine Buhle
Einen goldnen Becher gab
(...)

(Johann Wolfgang von Goethe)

Knecht Ruprecht

Von drauß' vom Walde komm ich her;
Ich muss euch sagen, es weihnachtet sehr!
Allüberall auf den Tannenspitzen
Sah ich goldene Lichtlein sitzen
(...)

(Theodor Storm)

Herr von Ribbeck auf Ribbeck im Havelland

Herr von Ribbeck auf Ribbeck im Havelland,
Ein Birnbaum in seinem Garten stand,
Und kam die goldene Herbsteszeit,
Und die Birnen leuchteten weit und breit,
Da stopfte, wenn's Mittag vom Turme scholl,
Der von Ribbeck sich beide Taschen voll,
Und kam in Pantinen ein Junge daher,
So rief er: „Junge, wist 'ne Beer?"
Und kam ein Mädel, so rief er: „Lütt Dirn,
Kumm man röwer, ick hebb 'ne Birn."

So ging es viel Jahre, bis lobesam
Der von Ribbeck auf Ribbeck zu sterben kam.
Er fühlte sein Ende. 's war Herbsteszeit,
Wieder lachten die Birnen weit und breit,
Da sagte von Ribbeck: „Ich scheide nun ab.
Legt mir eine Birne mit ins Grab."
Und drei Tage drauf, aus dem Doppeldachhaus,
Trugen von Ribbeck sie hinaus,
Alle Bauern und Büdner, mit Feiergesicht,

Sangen „Jesus meine Zuversicht",
Und die Kinder klagten, das Herze schwer:
„He is dod nu. Wer giwt uns nu 'ne Beer?"

So klagten die Kinder. Das war nicht recht.
Ach, sie kannten den alten Ribbeck schlecht.
Der neue freilich, der knausert und spart,
Hält Park und Birnbaum strenge verwahrt.
Aber der alte, vorahnend schon
Und voll Misstraun gegen den eigenen Sohn,
Der wusste genau, was damals er tat,
Als um eine Birn ins Grab er bat,
Und im dritten Jahr, aus dem stillen Haus
Ein Birnbaumsprößling sproßt heraus.

Und die Jahre gehen wohl auf und ab,
Längst wölbt sich ein Birnbaum über dem Grab,
Und in der goldenen Herbsteszeit
Leuchtet's wieder weit und breit.
Und kommt ein Jung' übern Kirchhof her,
So flüstert's im Baume: „Wiste 'ne Beer?"
Und kommt ein Mädel, so flüstert's: „Lütt Dirn,
Kumm man röwer, ick gew di 'ne Birn."

So spendet Segen noch immer die Hand
Des von Ribbeck auf Ribbeck im Havelland.

Theodor Fontane

Aktivierungen zur Reimgeschichte

Lassen Sie erzählen …

* Wo haben Sie früher Birnen gepflückt? Sind Sie dazu auf den Baum geklettert?
* Was wurde in Ihrer Familie aus den Birnen zubereitet?

    - ✔ Kuchen
    - ✔ Marmelade
    - ✔ Kompott

* Welche Früchte wuchsen in Ihrem Garten?
* Gab es in Ihrem Ort einen Menschen, der wie Herr von Ribbeck ein besonderes Herz für die Kinder hatte und ihnen gelegentlich Geschenke zukommen ließ?
* Welcher bekannte Obstbrand wird aus Birnen hergestellt? *(Williams Christ)*

Spiel „Birnen schnappen"

Ergänzend zu dem Gedicht rund um den Birnbaum im Havelland, eignet sich ein Spiel, das viele Senioren in ihrer Kindheit gespielt haben. Es lässt sich sowohl mit Äpfeln als auch mit Birnen spielen und macht auch älteren Menschen viel Freude.

Sie benötigen für das Spiel einige möglichst kleine Birnen, einen Esslöffel und eine Schüssel mit Wasser.

In die Schüssel mit Wasser legen Sie eine Birne mit dem Stiel nach oben. Das Ziel ist, die Birne mit dem Löffel aus dem Wasser zu heben. Das verlangt einiges an Geschicklichkeit und ist für alle Beteiligten ein großer Spaß.

Abendlied

Der Mond ist aufgegangen,
Die goldnen Sternlein prangen
Am Himmel hell und klar;
Der Wald steht schwarz und schweiget,
Und aus den Wiesen steiget
Der weiße Nebel wunderbar.

Wie ist die Welt so stille
Und in der Dämmrung Hülle
So traulich und so hold
Als eine stille Kammer,
Wo ihr des Tages Jammer
Verschlafen und vergessen sollt.

Seht ihr den Mond dort stehen?
Er ist nur halb zu sehen
Und ist doch rund und schön.
So sind wohl manche Sachen,
Die wir getrost belachen,
Weil unsre Augen sie nicht sehn.

Wir stolzen Menschenkinder
Sind eitel arme Sünder
Und wissen gar nicht viel.
Wir spinnen Luftgespinste
Und suchen viele Künste
Und kommen weiter von dem Ziel.

Gott, lass dein Heil uns schauen,
Auf nichts Vergänglichs trauen,
Nicht Eitelkeit uns freun;
Lass uns einfältig werden
Und vor dir hier auf Erden
Wie Kinder fromm und fröhlich sein.

Wollst endlich sonder Grämen
Aus dieser Welt uns nehmen
Durch einen sanften Tod;
Und wenn du uns genommen,
Lass uns in' Himmel kommen,
Du unser Herr und unser Gott.

So legt euch denn, ihr Brüder,
In Gottes Namen nieder;
Kalt ist der Abendhauch.
Verschon uns, Gott, mit Strafen
Und lass uns ruhig schlafen.
Und unsern kranken Nachbarn auch!

Matthias Claudius

Aktivierungen zur Reimgeschichte

Lassen Sie erzählen …

- In welcher Form kennen Sie das Abendlied? Als Gedicht oder als Lied?
- Verbinden Sie mit diesem Gedicht besondere Momente oder Erlebnisse? Welche sind das?
- Gab es in Ihrer Familie besondere Rituale für den Abend oder vor dem Einschlafen?
- Schauen Sie sich gerne den Nachthimmel an? Welche Sternenbilder kennen Sie?

Singen Sie gemeinsam!

Die meisten Senioren werden dieses Gedicht auch als Lied kennen. Stimmen Sie es gemeinsam an.

Die Fensterschau

Erklären Sie Ihren Zuhörern vor dem Vorlesen, dass in dem Gedicht mehrmals die Wörter „Fenster“ und „Gespenster“ vorkommen, und laden Sie sie ein, diese Wörter, wenn passend, zu sprechen. Das kann zu einem kleinen Durcheinander führen, das wiederum eine fröhliche Atmosphäre schafft. Am Ende können Sie alles auflösen, indem Sie das Gedicht einmal vollständig vortragen.

Der bleiche Heinrich ging vorbei,
Schön Hedwig lag am *Fenster*.
Sie sprach halblaut: „Gott steh mir bei,
Der unten schaut bleich wie *Gespenster*!“

Der unten erhub sein Aug in die Höh,
Hinschmachtend nach Hedewigs *Fenster*.
Schön Hedwig ergriff es wie Liebesweh,
Auch sie ward bleich wie *Gespenster*.

Schön Hedwig stand nun mit Liebesharm
Tagtäglich lauernd am *Fenster*.
Bald aber lag sie in Heinrichs Arm.
Allnächtlich zur Zeit der *Gespenster*.

Heinrich Heine

Aktivierung zur Reimgeschichte

Lassen Sie erzählen ...

- Haben Sie das schon erlebt, dass Leute aus dem Fenster sehen und das Straßengeschehen beobachten?
- Sind Ihnen auf der Straße auch einmal seltsame Menschen aufgefallen, die ungewöhnlich aussahen, sich auf eine besondere Art bewegten oder durch ausgefallene Kleidung aus der Menge hervorstachen? Beschreiben Sie, an wen Sie sich besonders erinnern.
- Welche Gespenstergeschichten kennen Sie?
- Erzählen Sie uns von einem persönlichen Erlebnis, in dem es spukte.
- Was sieht nach einer Redensart jemand, der unbegründet Angst hat? *(Gespenster)*

Der volle Sack

Ein dicker Sack – den Bauer Bolte,
Der ihn zur Mühle tragen wollte,
Um auszuruhn, mal hingestellt
Dicht an ein reifes Ährenfeld –
legt sich in würdevolle Falten
und fängt 'ne Rede an zu halten.

Ich, sprach er, bin der volle Sack.
Ihr Ähren seid nur dünnes Pack.
Ich bin's, der euch auf dieser Welt
In Einigkeit zusammenhält.
Ich bin's, der hoch vonnöten ist,
Dass euch das Federvieh nicht frisst;
Ich, dessen hohe Fassungskraft
Euch schließlich in die Mühle schafft.
Verneigt euch tief, denn ich bin Der!
Was wäret ihr, wenn ich nicht wär?
Sanft rauschen die Ähren:

„Du wärst ein leerer Schlauch, wenn wir nicht wären."

Wilhelm Busch

Aktivierungen zur Reimgeschichte

Lassen Sie erzählen …

- An was für Menschen mag Wilhelm Busch bei dieser Geschichte gedacht haben?
- Haben Sie schon einmal Säcke mit Körnern getragen? Wie war das?
- Welche Getreidearten kennen Sie? *(Dinkel, Einkorn, Emmer, Gerste, Hafer, Hart- und Weichweizen, Hirse, Mais, Roggen …)*
- Welche Bilder entstehen in Ihrem Kopf, wenn Sie an ein Ährenfeld denken?
- Was haben Sie einmal an einem Ährenfeld erlebt?

  - ✔ Das Feld abgeerntet?
  - ✔ Körner gestohlen?
  - ✔ Einen Spaziergang gemacht?
  - ✔ Im Feld gespielt?

Sinnesanregung

Streichen Sie mit Ähren durch die Hände Ihrer Zuhörer und lassen Sie sie beschreiben, wie sich das anfühlt und woran sie das Gefühl erinnert.

Die drei Spatzen

In einem leeren Haselstrauch,
Da sitzen drei Spatzen, Bauch an Bauch.

Der Erich rechts und links der Franz
Und mittendrin der freche Hans.

Sie haben die Augen zu, ganz zu,
Und obendrüber, da schneit es, hu!

Sie rücken zusammen dicht an dicht,
So warm wie Hans hats niemand nicht.

Sie hören alle drei ihrer Herzlein Gepoch
Und wenn sie nicht weg sind, so sitzen sie noch.

Christian Morgenstern

Aktivierung zur Reimgeschichte

Lassen Sie erzählen …

* Was meinen Sie, von welcher Jahreszeit das Gedicht erzählt? Ist es Winter? Ist es Sommer?
* Welche Jahreszeit mögen Sie am liebsten? Warum?
* Gab es dort, wo Sie aufgewachsen sind, Spatzen? Haben Sie diese und andere Vögel gefüttert?
* Haben Sie einmal einen kleinen Vogel in der Hand gehalten? Wie kam es dazu? Wie fühlte sich das an? Konnten Sie das Herzlein pochen fühlen?
* Stand in Ihrem Garten ein Haselstrauch? Haben Sie Nüsse gesammelt?
* Wurden in Ihrer Familie Haselzweige in die Vase gestellt, damit sie zu blühen beginnen?

Die Schnupftabaksdose

Es war eine Schnupftabaksdose,
Die hatte Friedrich der Große
Sich selbst geschnitzelt aus Nussbaumholz.
Und darauf war sie natürlich stolz.

Da kam ein Holzwurm gekrochen.
Der hatte Nussbaum gerochen.
Die Dose erzählte ihm lang und breit
Von Friedrich dem Großen und seiner Zeit.

Sie nannte den alten Fritz generös.
Da aber wurde der Holzwurm nervös
Und sagte, indem er zu bohren begann:
„Was geht mich Friedrich der Große an!“

Joachim Ringelnatz

Aktivierung zur Reimgeschichte

Lassen Sie erzählen …

* Haben Sie jemals eine Schnupftabakdose besessen? Aus welchem Material war sie? Wann haben Sie sie benutzt?
* Was haben Sie aus Holz geschnitzt? Oder haben Sie mit anderen Materialien gewerkelt?
* Was hat Ihr Lehrer über Friedrich den Großen, den damaligen König von Preußen, erzählt?
* An welche geschichtlichen Ereignisse oder weitere bedeutende Personen erinnern Sie sich?
* Haben Sie auch schon einmal mit einem Holzwurm zu kämpfen gehabt? Wie sind Sie ihn losgeworden?

Das Märchen von der Wolke

Der Tag ging aus mit mildem Tone,
So wie ein Hammerschlag verklang.
Wie eine gelbe Goldmelone
Lag groß der Mond im Kraut am Hang.

Ein Wölkchen wollte davon naschen,
Und es gelang ihm, ein paar Zoll
Des hellen Rundes zu erhaschen,
Rasch kaut es sich die Bäckchen voll.

Es hielt sich lange auf der Flucht auf
Und sog sich ganz mit Lichte an; –
Da hob die Nacht die goldne Frucht auf:
Schwarz ward die Wolke und zerrann.

Rainer Maria Rilke

Aktivierung zur Reimgeschichte

Lassen Sie erzählen ...

- Gab es ein Ereignis, bei dem Sie die Wolken besonders überrascht haben?
- Finden Sie, dass der Mond wie eine goldene Melone aussieht? Welcher Vergleich fällt Ihnen ein?
- Welche Lieder, Geschichten oder Gedichte kommen Ihnen in den Sinn, wenn Sie die Begriffe „Mond“ und „Wolken“ hören? Würden Sie sie uns vortragen oder nacherzählen?

  - ✔ Der Mond ist aufgegangen *(Volkslied)*
  - ✔ Guter Mond, du gehst so stille *(Volkslied)*
  - ✔ Es geht eine dunkle Wolk herein *(Volkslied)*
  - ✔ Über den Wolken *(Reinhard Mey, 1974)*
  - ✔ Peterchens Mondfahrt *(Kindermärchen von Gerdt von Bassewitz)*

Es war einmal ein König

Es war einmal ein König,
Der hatt' einen großen Floh,
Den liebt' er gar nicht wenig,
Als wie seinen eignen Sohn.
Da rief er seinen Schneider,
Der Schneider kam heran:
„Da, miss dem Junker Kleider
Und miss ihm Hosen an!"

In Sammet und in Seide
War er nun angetan,
Hatte Bänder auf dem Kleide,
Hatt' auch ein Kreuz daran,
Und war sogleich Minister
Und hatt' einen großen Stern.
Da wurden seine Geschwister
Bei Hof auch große Herrn.

Krone © topvectors | fotolia.com

Und Herrn und Fraun am Hofe,
Die waren sehr geplagt,
Die Königin und die Zofe
Gestochen und genagt,
Und durften sie nicht knicken
Und weg sie jucken nicht. –
Wir knicken und ersticken
Doch gleich, wenn einer sticht.

Johann Wolfgang von Goethe

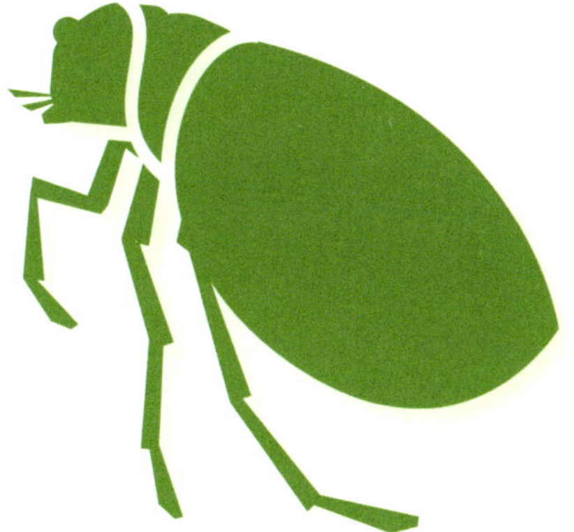

Aktivierung zur Reimgeschichte

Lassen Sie erzählen ...

- Haben Sie schon einmal Flöhe gesehen oder zumindest gespürt?
  - ✔ Menschenflöhe
  - ✔ Katzenflöhe
  - ✔ Hundeflöhe
  - ✔ Flöhe im Flohzirkus
- Ging es Ihnen wie den Zofen und Mägden, die es überall juckte? Was haben Sie dagegen getan?
- Waren Sie einmal Zuschauer im Flohzirkus? Gab es dort echte Flöhe oder hat der Flohzirkusdirektor geflunkert?
- Welche Redensarten mit dem Begriff „Floh" kennen Sie? Welche Bedeutungen haben diese?
  - ✔ Jemandem einen Floh ins Ohr setzen (*jemandem einen Gedanken eingeben, der diesen dann nicht mehr ruhen lässt*)
  - ✔ Die Flöhe husten/niesen hören (*schon aus den kleinsten Veränderungen etwas für die Zukunft erkennen wollen*)
  - ✔ Es ist einfacher, [einen Sack (voll)] Flöhe zu hüten (*im Hinblick auf die Beaufsichtigung einer Gruppe von Personen, meist Kindern, die sich wenig diszipliniert verhält*)